REGARD JUNIOR

Un voyage dans le Temps et l'Histoire

La Grèce antique

Textes d'Anne Jonas

Illustrations de PatCab

Collection dirigée par
Dominique Gaussen

MANGO JEUNESSE

dans la même collection :

- **La Préhistoire**
- **Rome**
- **Le Moyen Âge**
- **Le siècle de Louis XIV**

REGARD JUNIOR
Un voyage dans le Temps et l'Histoire

Conception graphique :
Pépito Lopez
Réalisation :
Studio Mango

Imprimé par PPO Graphic,
93500 Pantin

Dépôt légal : avril 2002
ISBN : 2-7404-1352-1
Loi n°49.956 du 16 juillet 1949
sur les publications destinées
à la jeunesse

Sommaire

4 Le film de l'Histoire

6 La Grèce n'est pas un pays uni... Mais beaucoup de choses unissent les Grecs

8 La roue de la fortune : t'a t-elle fait naître citoyen, métèque ou esclave ?

10 La panoplie du soldat sert beaucoup !

12 Moi, Agis, 7 ans, enfant à Sparte

14 Quand on est à l'étroit chez soi... Pourquoi ne pas aller voir ailleurs ?

16 Pourquoi Périclès est-il une superstar?

18 Les dieux grecs ont tous les défauts des hommes !

20 Hep ! vous avez oublié votre maillot !

22 Masqués, les acteurs font rire et pleurer les spectateurs

24 Suivez le guide dans l'Acropole !

26 Ils ont tous de bonnes raisons de crier « Eurêka ! »... Un seul l'a fait

28 Fille ou garçon : à poids égal, l'un pèse plus lourd que l'autre...

30 Un Athénien sait toujours quoi mettre dans une bulle

32 Notre page beauté

34 Allonge-toi ! On mange !

36 Il faut payer pour aller en enfer !

38 Tous contre Athènes

40 Alexandre porte très loin la renommée de la Grèce

42 L'héritage grec Casse-tête

44 La plus belle invention d'Athènes : la démocratie

46 Se tourner les pouces... L'idéal de l'aristocratie athénienne

Le film de l'Histoire

2000 avant J.-C. à 1450 avant J.-C.

Au début de son histoire, le monde grec est dominé par la civilisation minoenne, appelée ainsi en référence au légendaire roi Minos, fils de Zeus et d'Europe. Née en Crète, cette puissante civilisation maritime est célèbre pour ses magnifiques palais. Elle dominera toute la mer Egée pendant plus de cinq siècles.

1200 à 800 avant J.-C.

Pour des raisons encore mal connues, la civilisation mycénienne s'effondre au début du XIIIe siècle avant J.-C. De la période troublée qui s'ouvre alors, on sait peu de chose car l'usage de l'écriture se perd. Ces quatre siècles sont appelés par les historiens « les âges obscurs ».

À partir de 800 avant J.-C.

À la fin des « âges obscurs », le monde grec est divisé en une multitude de cités indépendantes dont Athènes, Sparte et Corinthe. C'est à cette époque que de nombreux habitants de la Grèce quittent leur cité pour s'aventurer dans des régions inconnues et y fonder de nouvelles cités, appelées colonies.

443 avant J.-C.

Périclès prend le pouvoir à Athènes et renforce la démocratie en donnant plus de pouvoir aux citoyens les moins fortunés. Il entreprend également de grands travaux dans sa cité, dont la construction du Parthénon et l'agrandissement du port du Pirée. Il sera réélu chaque année pendant trente ans.

338 avant J.-C.

Au IVe siècle avant J.-C. les cités grecques se sont considérablement affaiblies. Le roi Philippe II de Macédoine profite de cette faiblesse pour les attaquer. Après avoir vaincu Athènes et Thèbes à Chéronée, il prend le contrôle de la majeure partie de la Grèce.

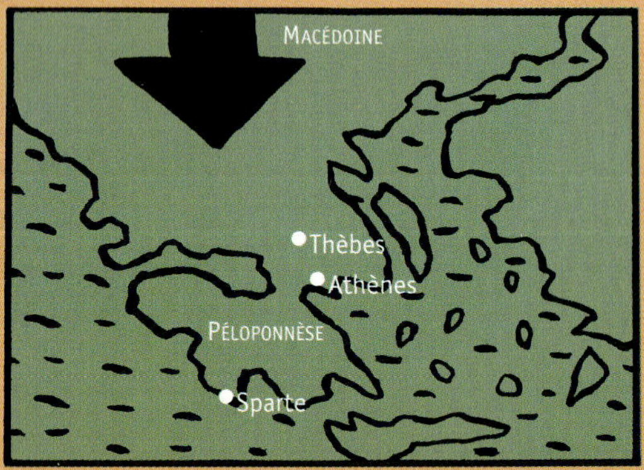

1500 avant J.-C. à 1200 avant J.-C.
À partir du XVIe siècle avant J.-C., une nouvelle civilisation se développe dans le Péloponnèse : la civilisation mycénienne, qui doit son nom à son plus important royaume, celui de Mycènes. C'est à la fin de cette période que se déroule la fameuse guerre de Troie racontée par Homère dans l'*Iliade*.

490 à 479 avant J.-C.
Les guerres Médiques opposent les cités grecques aux Perses. Après leur victoire, les Grecs fondent la ligue de Délos, association destinée à assurer leur défense commune en cas de nouvelle attaque perse. La direction de cette ligue est confiée à Athènes.

431 à 404 avant J.-C.
Pendant près de trente ans, Athènes et Sparte vont entraîner dans une terrible guerre la quasi totalité des cités du monde grec. C'est la guerre du Péloponnèse. Ce conflit s'achève par le siège d'Athènes qui, affamée, capitule et livre sa flotte à Sparte.

326 avant J.-C.
Alexandre, fils de Philippe II de Macédoine, achève l'œuvre de conquête entreprise par son père. Grand admirateur de la culture grecque, il contribuera à sa diffusion dans tout son empire qui s'étendra jusqu'à l'Indus, aux confins de l'Himalaya.

La Grèce
n'est pas un pays uni…

Les habitants du monde grec ne se désignaient pas entre eux sous le nom de « Grecs ». Pendant les deux mille ans de leur histoire, ils ne formeront jamais un pays unifié, mais plutôt une mosaïque de cités unies par une même culture.

La Grèce est un pays à la géographie morcelée

Constitué de nombreuses îles, ce territoire aux côtes très découpées est aux trois quarts montagneux, rendant les communications terrestres très difficiles.

Chaque cité a un type de gouvernement

Pas de capitale ni de roi dictant sa loi à ses sujets. Chaque cité grecque, si petite soit-elle, est un État indépendant battant sa propre monnaie et possédant son gouvernement et ses lois spécifiques. Rien de commun, en effet, entre Athènes la démocrate, gouvernée par l'ensemble de ses citoyens, et Sparte l'oligarque, dirigée d'une main de fer par une poignée d'hommes.

Mais beaucoup de choses **unissent** les Grecs

Les Grecs parlent la même langue

Qu'ils soient Thébains, Crétois, Corinthiens ou Athéniens, les habitants de la Grèce peuvent se comprendre entre eux car ils parlent la même langue et l'écrivent avec le même alphabet. D'ailleurs, ils considèrent tous ceux qui ne parlent pas leur langue comme des barbares et cela quel que soit le degré d'avancée de leur civilisation.

Les Grecs ont les mêmes dieux

Ils croient aux mêmes divinités qu'ils honorent dans des lieux de culte qui leur sont communs, tel le sanctuaire d'Apollon à Delphes ou celui de Zeus à Olympie.

Fait marquant

Ce sont les Romains qui, lorsqu'ils engloberont le monde grec dans leur empire en 146, donneront pour la première fois à ses habitants le nom de « Grecs ».

La roue de la fortune : t'a-t-elle fait naître

Nous sommes au milieu du Ve siècle avant J.-C. à Athènes. Au jour de ta naissance, la grande roue de la fortune va choisir pour toi ton destin. Quel sera-t-il ? À toi de le découvrir…

Tu as de chance : tu es né citoyen !

Tu es un homme, né de père et de mère athéniens libres, et tu as fait ton service militaire. Que tu sois riche ou pauvre, aristocrate ou paysan, tu as le droit de participer à la vie de la cité. Pendant les assemblées, tu peux prendre la parole et voter les grandes décisions. Comme la vie politique prend beaucoup de ton temps, tu peux recevoir, si tu en as besoin, un petit salaire qui te dédommage des journées que tu n'as pas passées à ton travail.

citoyen, métèque ou esclave ?

Tu es un métèque : étranger tu es, étranger tu resteras

Le terme de métèque signifie en grec « qui a changé de maison ». Tu es originaire d'un autre pays ou d'une autre cité. Même si ta famille réside à Athènes depuis plusieurs générations, tu restes considéré comme un étranger. Bien accepté par les citoyens d'Athènes, tu as les mêmes droits et les mêmes devoirs qu'eux sans toutefois pouvoir participer à la vie politique de la cité. Tu peux exercer tous les métiers, mais il t'est interdit d'acheter une terre ou une maison. En plus des impôts payés par les citoyens, tu dois t'acquitter d'une taxe spéciale, *le métoikion*.

Tu es un esclave : tu es considéré comme un « instrument vivant »

Étranger à la cité, tu es un prisonnier de guerre ou tu as été acheté à un marchand. Tu n'as aucun droit. Tu es considéré comme un objet que l'on peut vendre, louer ou prêter. Ton sort ne choque personne car l'esclavage est considéré par les Athéniens comme une chose parfaitement normale. Tu peux appartenir à un citoyen ou à l'État qui t'emploie à diverses tâches d'utilité publique. Tes conditions de vie seront radicalement différentes selon ta fonction. En effet, rien de commun entre un esclave employé aux tâches ménagères d'une maison et celui travaillant dans les mines de plomb. Pour recouvrer la liberté, tu n'as que deux solutions : la fuite ou l'affranchissement donné par ton maître, ce qui est très rare !

La **panoplie** de soldat sert beaucoup !

L'histoire de la Grèce est marquée par d'incessants conflits. Coalisées contre les Perses lors des guerres Médiques (490 et 481-479 avant J.-C.), les cités grecques se livrèrent également entre elles à de terribles conflits fratricides, en particulier lors de la guerre du Péloponnèse (431-404 avant J.-C.).

Le citoyen est un soldat

À Athènes, tous les citoyens doivent servir leur pays de dix-huit à soixante ans. Comme ils doivent fournir leur propre équipement de guerre, seuls les plus riches d'entre eux font partie de la cavalerie et de la phalange. Les autres, moins fortunés, sont archers, frondeurs ou, pire encore, rameurs.

Sur terre, la phalange

Composée de fantassins armés de lances, les hoplites, la phalange est une formation serrée comportant plusieurs rangs de piquiers qui avancent vers l'ennemi comme un seul corps. Si un soldat du premier rang est touché, il est immédiatement remplacé par un camarade du deuxième rang. Pour se protéger, les hoplites portent un équipement très lourd : un casque, une cuirasse et des jambières en bronze.

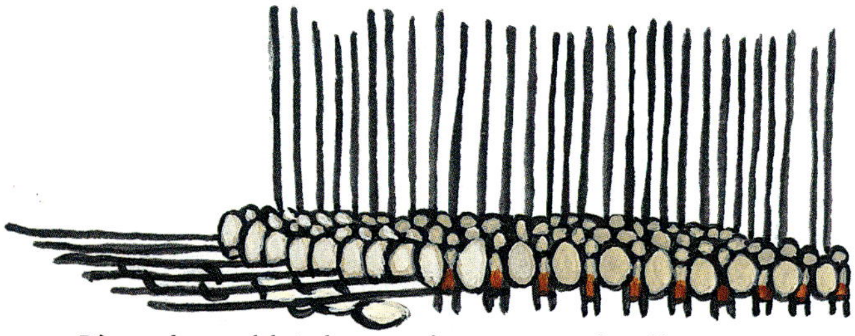

Dès qu'un soldat du premier rang tombe, il est remplacé par un soldat du deuxième rang.

Sur mer, la trière

Le redoutable éperon de métal.

Principalement composée de trières, la flotte grecque est très redoutée par ses ennemis. 170 rameurs répartis sur trois rangs manœuvrent ces vaisseaux légers équipés à l'avant d'un éperon de métal servant à enfoncer la coque des bateaux adverses. À la proue du navire sont souvent peints deux yeux destinés à écarter les mauvais esprits. Au Ve siècle, Athènes possède près de 400 trières.

Même dans la guerre, les dieux ont leur mot à dire...

Pour les Grecs, il est inconcevable de déclarer la guerre ou de partir à la bataille sans avoir consulté les dieux. Aussi est-il fréquent que les généraux emmènent avec eux des images des dieux,et plusieurs devins censés interpréter les conseils divins. Ces pratiques entraînent parfois des situations curieuses. Ainsi, à Marathon, pendant les guerres Médiques, les Spartiates, à qui les dieux avaient interdit de se mettre en campagne pendant la pleine lune, arrivèrent-ils sur les lieux de l'affrontement... après la bataille.

HOPLIT

Moi, Agis, 7 ans,

Pas facile d'être un petit garçon à Sparte ! Cette cité guerrière du sud du Péloponnèse arrache les enfants à leurs parents dès leur plus jeune âge pour les former au dur métier des armes.

C'est aujourd'hui mon septième anniversaire et je vais devoir quitter ma famille pour recevoir l'éducation militaire qui fera de moi un homme robuste et un guerrier courageux. Dans ma cité, à Sparte, tous les garçons ne naissent que pour devenir soldats. Si, à ma naissance, j'avais été chétif ou malade, le Conseil des Anciens aurait décidé que je n'avais pas le droit de vivre et m'aurait fait jeter au fond d'un gouffre. Heureusement pour moi, j'étais un bébé vigoureux et plein de santé.

Jusqu'à l'âge de onze ans, j'appartiendrai à une troupe d'enfants de mon âge où j'apprendrai surtout à obéir sans discuter, à supporter la fatigue et à me battre. Plus tard, on me rasera la tête et je m'habituerai à marcher pieds nus par tous les temps.

enfant à Sparte

À partir de douze ans, ma vie deviendra encore plus dure. Je n'aurai plus droit à la moindre faiblesse et je serai fouetté sans pitié à la plus petite faute. En compagnie de mes camarades, je dormirai en dortoir sur des paillasses de roseaux et prendrai mes repas au réfectoire. Je sais que je ne mangerai pas à ma faim. Il faudra que je sois assez rusé pour voler ma nourriture sans me faire prendre. Entre nous, on raconte une terrible histoire. Il y a quelques années, un enfant a attrapé un renardeau et le tenait caché sous son manteau avant de trouver un endroit tranquille où le manger. Comme il était sur le point d'être démasqué par un de ses maîtres, il a préféré laisser l'animal lui dévorer le ventre plutôt que d'être découvert.

Enfin, à seize ans, si je suis toujours en vie, je serai prêt à subir une dernière épreuve, la « cryptie ». Il me faudra alors vivre seul et caché dans la campagne pendant plusieurs semaines. Là, je devrai me livrer, la nuit, à la chasse aux esclaves et en tuer au moins un. Si j'y parviens, je ferai alors partie de la communauté des « Semblables », l'élite de Sparte, qui consacre toute son existence à la guerre.

Quand on est à l'étroit chez soi...

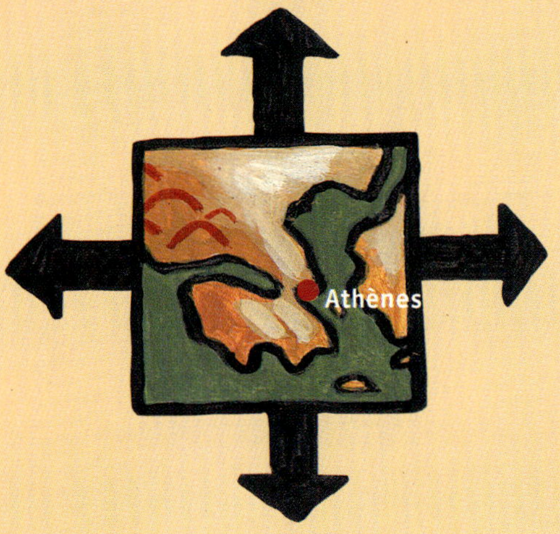

À partir du VIIIe siècle avant J.-C., les Grecs ont la bougeotte. Nombre d'entre eux quittent leurs cités d'origine et s'aventurent dans toute la Méditerranée pour fonder de nouvelles cités, les colonies.

Pourquoi s'installer ailleurs ?

Les raisons de ces départs vers d'autres contrées sont nombreuses. Il peut s'agir de problèmes de surpopulation et d'une pénurie de terres à cultiver, ou bien de la simple volonté de s'enrichir par le commerce et de partir à l'aventure. Au fur et à mesure des nouvelles installations, des histoires circulent de port en port et suscitent de nouvelles vocations d'aventurier. Ainsi, racontait-on qu'en Italie, la vie était si douce que les habitants de Sybaris dormaient sur des pétales de roses. À toutes

Pourquoi ne pas aller voir ailleurs ?

ces raisons, il faut ajouter les progrès de la navigation qui rendent les voyages plus sûrs et plus rapides.

Du feu et une motte de terre, derniers liens avec la patrie d'origine...

Arrivés sur le territoire qu'ils ont choisi, les colons offrent un sacrifice aux dieux, le plus souvent à Apollon, et bâtissent leur cité autour d'une motte de terre et du feu qu'ils ont emportés de leur cité-mère. Avec cette dernière, il n'existe aucun lien de soumission, la nouvelle cité est désormais totalement indépendante.

Des fondations en ricochet

La plupart des nouvelles cités donnent à leur tour naissance à de nouvelles colonies. Ainsi Marseille, fondée en 600 avant J.-C. par les Phocéens, fonde-t-elle, entre autres, en un peu plus d'un siècle, les cités d'Antibes, de Nice, d'Agde et même d'Alalia en Corse. Ces implantations permettent une large diffusion de la langue et de la culture grecques dans tout le monde méditerranéen.

RADIO DE

Pourquoi **Périclès** est-il une superstar ?

REGARD JUNIOR : Qu'est-ce que vous avez bien pu faire pour que le siècle qui vous a vu naître porte votre nom ?
PÉRICLÈS : C'est sous mon gouvernement qu'Athènes a connu la période la plus brillante de son histoire... Sur les ruines de l'Acropole détruite par les Perses, j'ai fait édifier des temples qui traverseront les siècles et qui seront célèbres bien au-delà de nos frontières. Ma cité a également accueilli dans ses murs les plus grands artistes du monde grec et, surtout, j'ai donné plus de pouvoir au peuple.

RJ : Vous êtes quoi au juste ? Un roi ? Un tyran ? Un président ?
P : Je suis un stratège. C'est l'assemblée du peuple, *l'Écclésia*, qui m'a réélu à la plus haute fonction de l'État pendant quatorze ans.

RJ : On dit de vous que vous êtes l'auteur de grandes réformes démocratiques. Mais c'est quoi au juste, la démocratie ?
P : C'est une forme de gouvernement qui donne le pouvoir de décision à tous les citoyens. Ceux-ci peuvent librement voter les lois et décider d'entrer ou non en guerre. La grande nouveauté de ce mode de gouvernement, c'est que la voix d'un pauvre paysan athénien a autant de poids que celle d'un riche aristocrate. Je n'ai pas inventé la démocratie, j'ai seulement cherché à la rendre accessible aux plus démunis.

RJ : Et qu'avez-vous fait pour cela ?
P : J'ai accordé aux plus pauvres des citoyens une sorte de petit « salaire » destiné à les indemniser du temps qu'ils consacrent à la vie politique. Il faut avoir les moyens pour quitter sa ferme et venir passer ses journées à débattre à l'assemblée !

RJ : Pourquoi avez-vous été chassé du pouvoir après avoir été à la tête d'Athènes pendant tant d'années ?
P : Vous savez, la réussite aiguise toujours des jalousies... Mes ennemis m'ont accusé d'avoir provoqué la guerre du Péloponnèse, contre Sparte, pour ne pas avoir à rendre de comptes sur ma façon de gouverner Athènes.

RJ : Franchement, la démocratie, vous pensez qu'on s'en souviendra après vous ?
P : J'en suis certain... Mais ça risque de prendre du temps et de causer pas mal de soucis à ceux qui voudront l'appliquer !

Fait marquant
Périclès fut victime, en 429 avant J.-C., de l'épidémie de peste qui ravagea Athènes.

Les dieux grecs, ont tous les défauts des hommes !

Les Grecs ne croyaient pas en un seul dieu, mais en une multitude de dieux descendant tous de l'union de Gaia, la Terre, et d'Ouranos, le Ciel.

Zeus, le patron, sauvé grâce à un caillou

De l'union de Gaia et d'Ouranos naquit Cronos, le temps. Il prit pour femme sa sœur Rhéa et le couple eut de nombreux enfants. Mais hélas, Cronos avait la fâcheuse manie de dévorer sa descendance. Seul le dernier-né, le petit Zeus, put lui échapper grâce à une ruse de sa mère qui le cacha et donna à manger à son époux un caillou enveloppé de langes. Plus tard, le petit rescapé parvint à administrer à son horrible père un vomitif qui lui fera recracher tous ses frères et sœurs. Ceux-ci deviendront les principaux dieux et déesses grecs.

Immortels, mais terriblement humains

Bien qu'ils soient dotés de nombreux pouvoirs, tels ceux de dominer les éléments et de changer d'apparences à volonté, les dieux grecs ressemblent terriblement aux hommes. Comme eux, ils se mettent en colère, s'aiment, se jalousent, se vengent, s'entre-tuent, font des enfants, ou donnent des banquets !

Comment mettre les dieux dans sa poche ?

Pour obtenir l'aide des dieux, les Grecs les honorent de multiples manières. Ils bâtissent des temples et des sanctuaires somptueux, organisent des fêtes et des processions, font de nombreuses prières ainsi que des offrandes et des sacrifices. Même les concours sportifs ou musicaux leurs sont dédiés.

Allô, allô, c'est Zeus à l'appareil...

Les Grecs sont persuadés que les dieux peuvent leur parler et les aider à prendre des décisions importantes. Par exemple, dans le sanctuaire d'Apollon à Delphes, une femme assise au-dessus d'une crevasse d'où s'échappent des vapeurs de fumée est censée répéter les paroles que lui soufflent les dieux. Les mots incohérents qu'elle prononce sont ensuite interprétés par des prêtres.

De gauche à droite : Déméter, Artémis, Apollon, Aphrodite, Poséidon, Zeus, Héra, Athéna, Hermès, Dionysos

Fait marquant

Pour les Grecs, les dieux avaient une résidence sur Terre : ils habitaient au sommet de l'Olympe, la plus haute montagne de Grèce.

Hep ! vous oubliez votre maillot !

En 776 avant J.-C., des athlètes venus des quatre coins du monde grec s'affrontent à la course pour une couronne de laurier sauvage. Ce sont les premiers jeux Olympiques. Pendant plus de onze siècles, ils se dérouleront tous les quatre ans sur le site d'Olympie.

En l'honneur de Zeus

À Olympie se dressait l'un des plus importants sanctuaires dédiés à Zeus. Chaque jeu commençait par une longue procession, ainsi que par des sacrifices d'animaux en l'honneur du dieu des dieux.

Quand le sport arrêtait la guerre

Les cités grecques étaient très souvent en guerre. Celles qui participaient aux Jeux déposaient les armes le temps que durait leur affrontement sur le stade. Olympie était alors un territoire neutre où aucune armée ne pouvait pénétrer. Les participants qui ne respectaient pas cette règle étaient exclus des épreuves et devaient payer une énorme amende.

Des sportifs... tout nus !

Ni short, ni dossards pour les athlètes. C'est tout nus qu'ils s'affrontaient à la course, lançaient le disque ou le javelot, se battaient au pugilat, conduisaient les chars ou sautaient en longueur.

Des couronnes de laurier et surtout... la gloire

Le dernier jour des Jeux, les vainqueurs recevaient une couronne de lauriers et étaient conviés à un grand banquet qu'ils partageaient avec les organisateurs des olympiades. De retour dans leurs cités, les champions devenaient de véritables héros et se voyaient offrir de très fortes sommes d'argent. On raconte qu'une cité, pour honorer son champion, fit abattre une partie de ses murailles afin qu'il entre dans sa ville par une porte que nul autre homme n'avait encore jamais empruntée.

Fait marquant

La piste sur laquelle se déroulaient les courses mesurait 192,25 mètres de long, soit, selon la légende, 600 fois la longueur du pied d'Héraclès, héros célèbre pour ses « douze travaux ». Cette distance, qui s'appelait alors un « stade », a donné son nom aux terrains de sport.

Masqués, les acteurs font rire et pleurer les spectateurs

Tous les habitants du monde grec raffolent du théâtre. À Athènes, les représentations ont lieu pendant les fêtes consacrées à Dionysos, le dieu du vin et des arts. Elles sont souvent l'occasion d'une belle pagaille !

Tous au théâtre !

Qu'il s'agisse de s'esclaffer à une comédie ou de fondre en larmes à une tragédie, les Athéniens se pressent en masse aux portes du théâtre, et cela dès le lever du soleil. Dans une même journée, ils peuvent ainsi assister à quatre ou cinq représentations, soit entendre environ 4 000 vers chantés ou récités. Pour les plus pauvres, le prix de la place n'est pas un obstacle puisqu'elle leur est offerte ! Sur les gradins, la foule des spectateurs est loin d'être silencieuse ! On mange et on boit, tout en applaudissant ou en chahutant les acteurs. Régulièrement, certains auteurs sont accusés d'avoir payé des spectateurs afin qu'ils acclament leur pièce et sifflent celles des autres.

Des théâtres en plein air

Les théâtres grecs sont généralement construits sur le flanc d'une colline où viennent s'adosser les gradins disposés en demi-cercle. L'acoustique y est exceptionnelle puisque les acteurs doivent être entendus par des milliers de spectateurs, dont ceux des derniers rangs, assis à plusieurs dizaines de mètres de la scène.

Trois acteurs, des masques, un chœur et de la musique

Les représentations théâtrales du temps de Périclès sont très différentes de celles que nous pouvons voir aujourd'hui. Sur scène, deux ou trois acteurs dont les visages sont dissimulés par des masques interprètent chacun plusieurs rôles. Les femmes n'ont pas le droit de pratiquer le métier d'acteur, ce sont des hommes qui tiennent les rôles féminins des comédies ou des tragédies. Au fil de la pièce, les comédiens sont interrompus par un chœur composé d'artistes amateurs qui interpellent le public, commentent la pièce, chantent ou dansent.

Fait marquant

Les représentations théâtrales donnent lieu à des concours. Les auteurs vainqueurs reçoivent une couronne de lierre en récompense. Aujourd'hui, on joue encore les tragédies d'Eschyle, de Sophocle et d'Euripide, ainsi que les célèbres comédies d'Aristophane.

Suivez le guide
dans l'Acropole !

Athènes fut la plus puissante et la plus belle de toutes les cités du monde grec. Fondée au xe siècle avant J.-C., elle s'installa d'abord sur les hauteurs d'une colline surplombant la mer. Cette partie de la cité, devenue plus tard son centre religieux, s'appelle l'Acropole.

Fait marquant

Partiellement détruite par les Perses en 480 avant J.-C., l'Acropole fut reconstruite et embellie par Périclès. En quarante ans, elle s'orne de plusieurs temples en marbre, rehaussés de bleu, de rouge et d'or et couverts de toits de tuiles.

Unique

STATUE D'ATHÉNA

Une fois passées les Propylées, portes monumentales de l'Acropole, on débouche sur la colossale statue de bronze d'Athéna guerrière. Les navires qui rentrent au port peuvent voir briller sa lance.

Curiosité

LA MAISON DES ARRHÉPHORES

Dans cette petite construction vivent quatre jeunes filles d'origine noble. Pendant neuf mois, elles tissent et brodent un nouveau voile qui sera offert à Athéna lors des Panathénées, grandes fêtes célébrées en son honneur tous les quatre ans.

À voir absolument

L'ÉRÉCHTEION

Dans ce temple dédié à Athéna et Érechthée, roi légendaire d'Athènes, les colonnes ont été remplacées par des statues de jeunes filles, les Caryatides. Ses bas-reliefs présentent plusieurs scènes de la vie des dieux, dont les exploits d'Héraclès.

Une des merveilles de la Grèce

LE PARTHÉNON

Principale construction de l'Acropole, le Parthénon fut édifié en quinze ans par l'architecte Ictinos. De plan rectangulaire, comme la grande majorité des temples grecs, il est entouré de quarante-six colonnes cannelées. Haut de trente mètres, il comporte deux salles principales dont la première abrite la statue d'Athéna, déesse protectrice d'Athènes. Cette statue de douze mètres de haut est en or et en ivoire. Dans la seconde salle est conservé le trésor de la déesse. Il est constitué des offrandes qui lui sont faites. Plus tard, cette salle abritera le trésor de la cité.

Ils ont tous de bonnes raisons de **crier**

Médecine, biologie, mathématique, astronomie… Les Grecs se passionnent pour la science. Pas à pas, en fondant leurs théories sur l'observation, ils renoncent aux explications divines pour leur substituer des principes physiques.

460 avant J.-C. à 377 avant J.-C.

Son serment est encore prononcé aujourd'hui

En Grèce, n'importe quel charlatan peut se décréter médecin. Sans école ni diplôme, ils soignent les gens en interprétant leurs rêves ou en prononçant des formules magiques ! La plupart du temps, les malades s'en remettent donc entièrement aux dieux pour expliquer leurs maux et tenter de les guérir. Hippocrate est le premier à adopter une méthode fondée sur l'observation du patient et la raison. Il pratique la chirurgie et rédige cinquante-trois traités de médecine. Son « serment » est encore prononcé aujourd'hui par les jeunes praticiens.

625 avant J.-C. – 546 avant J.-C.

Il est toujours enseigné

À la fois mathématicien, physicien, astronome et philosophe, il est l'un des plus anciens et des plus grands savants grecs. Premier à imaginer que la lumière de la Lune est empruntée à celle du Soleil, il se rend célèbre en prédisant une éclipse qui a vraiment lieu ! On est malgré tout encore loin du Prix Nobel puisque Thalès croit que la Terre et tous les astres flottent sur les eaux !

« Eurêka ! »… Un seul l'a fait

Ce sont certains d'entre eux qui furent les premiers à échafauder des théories qui nous paraissent, aujourd'hui, parfaitement évidentes.

Pythagore

VIe siècle avant J.-C.

Il fait encore souffrir les élèves

C'est à ce savant, ou à un de ses « collègues », que l'on doit le fameux théorème qui permet de calculer la longueur du troisième côté d'un triangle rectangle lorsque l'on connaît celle des deux autres. Même s'il croit encore qu'il est dangereux de se lever du pied gauche ou de manger des fèves, Pythagore nous a donné de nombreuses formules mathématiques encore en vigueur ainsi que la table de multiplication.

Archimède

287 avant J.-C. – 212 avant J.-C.

Celui qui a crié *Eurêka*

« Tout corps plongé dans un liquide reçoit une poussée égale au poids du fluide déplacé » : tel est le célèbre théorème de ce savant aux multiples casquettes : mathématicien, géomètre, ingénieur et physicien. La petite histoire raconte qu'il eut la révélation de sa découverte en prenant son bain et qu'il courut tout nu dans la rue en s'écriant : *Eurêka* !, c'est-à-dire *J'ai trouvé !* On lui doit également l'invention de la vis sans fin.

Fille ou

à poids égal, l'un pèse

« La divinité, selon moi, a adapté la nature de la femme aux travaux et aux soins de l'intérieur et celle de l'homme aux travaux du dehors. »

Fille tu es, de la maison tu ne sortiras...

Dès le jour de sa naissance, la vie d'une petite fille ne tient qu'à un fil puisque son père a droit de vie et de mort sur sa jeune existence. S'il choisit de la garder auprès de lui, elle ne quittera guère le gynécée, partie de la maison réservée aux femmes. Si elle ne peut sortir librement dans la rue, il lui est également imposé de limiter au maximum ses contacts avec tous les hommes de sa famille. Cloîtrée dans sa maison, elle n'a bien sûr pas le droit d'aller à l'école. De sa mère et de ses servantes, elle apprendra seulement ce que doit savoir une future épouse : faire la cuisine, tisser et filer la laine et diriger le travail des serviteurs. Dans certaines familles riches, les filles se voient toutefois attribuer un esclave chargé de leur apprendre des rudiments de la lecture et de l'écriture. Lorsqu'elles atteignent treize ou quatorze ans, les pères leur choisissent un mari, souvent bien plus âgé qu'elles, en se passant, bien entendu, de leur consentement.

garçon :
plus lourd que l'autre...

Cette phrase du grand auteur grec Xénophon résume parfaitement la pensée de ses contemporains en matière d'égalité des sexes...

Garçon tu es, beaucoup de choses tu apprendras...

Au contraire des filles, les garçons reçoivent une éducation très complète. Dès l'âge de six ans, ils vont apprendre à lire, à écrire et à compter auprès d'un maître, le grammatiste. Dans les familles aisées, un esclave appelé « pédagogue » est chargé d'amener le fils de la maison chez son précepteur et de lui faire apprendre ses leçons. Les jeunes écoliers apprennent à tracer les lettres de l'alphabet à l'aide d'une tablette enduite de cire et d'un poinçon en fer ou en os. Les jeunes garçons prennent également des leçons de musique, déclament de la poésie et s'essayent à l'art du discours. Mais l'enseignement reçu par ces futurs citoyens n'est pas seulement intellectuel. Comme ils doivent se préparer à devenir de vaillants soldats, les jeunes garçons sont entraînés par des maîtres de gymnastique qui leur enseignent les différentes disciplines de l'athlétisme et la lutte.

Un Athénien sait toujours quoi mettre dans une bulle

Dans l'Athènes démocratique, la vie politique se passe en d'interminables débats. Savoir s'exprimer peut permettre de faire une brillante carrière politique. La parole devient donc un art avec ses stars, ses écoles et ses querelles.

Les sophistes

En grec, « sophiste » signifie « professionnel de la sagesse ». Professeurs itinérants, les sophistes font payer très cher les leçons qu'ils dispensent aux jeunes aristocrates. Ces derniers sont en effet avides d'apprendre la rhétorique, cet art de bien parler qui peut leur ouvrir les portes des plus hautes fonctions de l'État. Poussé à l'extrême, cet apprentissage consiste à avoir raison en toutes circonstances, même en niant les plus parfaites évidences.

Socrate ou l'art d'accoucher les âmes

Opposé à cet enseignement qu'il considère comme trop proche de « la recette de cuisine », le philosophe Socrate souhaite amener la jeunesse d'Athènes sur les chemins de la Vérité et du Bien par d'autres moyens. Sans qu'il en coûte la moindre drachme à ses élèves, il use d'une curieuse méthode, « l'accouchement des âmes ». Arpentant les rues de sa cité, fréquentant les gymnases et les banquets, il pousse par d'incessantes questions ses contemporains dans leurs derniers retranchements. Ce qu'il veut leur faire découvrir à tout prix, c'est qu'il faut, avant toute chose, apprendre à se connaître soi-même.

Platon et l'Académie

Génial disciple de Socrate, Platon reprend le flambeau de son maître et fonde une école de philosophie appelée l'Académie. Située dans des jardins proches d'Athènes, cette école où l'on enseigne aussi les sciences, accueille de nombreux élèves dont le plus célèbre sera Aristote qui deviendra à son tour le maître du futur Alexandre Le Grand.
Aristote fondera une école, le Lycée, portant le nom du quartier d'Athènes où elle s'est installée. Le philosophe y dispensera deux cours par jour. Celui du matin pour ses meilleurs élèves et celui du soir pour le grand public.

Fait marquant

L'enseignement de Socrate déplaît à beaucoup de monde à Athènes. Accusé de corrompre la jeunesse et de ne pas respecter les Dieux, le philosophe est condamné à mort et doit boire un terrible poison, la ciguë.

Notre page beauté

Les Grecs attachent une grande importance à l'entretien de leur corps. Exercices physiques, bains et cosmétiques, rien n'est négligé pour être beau et le rester.

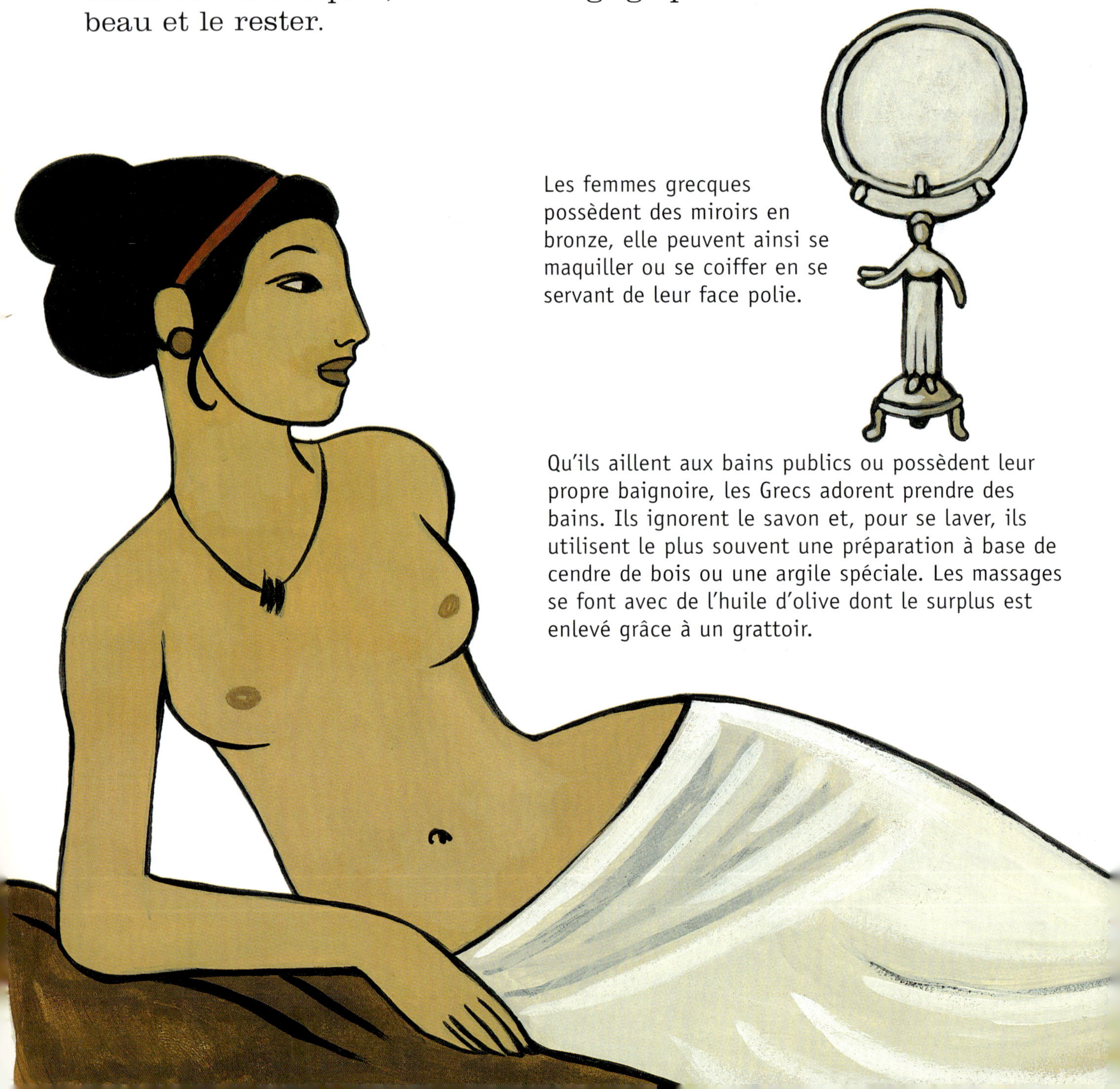

Les femmes grecques possèdent des miroirs en bronze, elle peuvent ainsi se maquiller ou se coiffer en se servant de leur face polie.

Qu'ils aillent aux bains publics ou possèdent leur propre baignoire, les Grecs adorent prendre des bains. Ils ignorent le savon et, pour se laver, ils utilisent le plus souvent une préparation à base de cendre de bois ou une argile spéciale. Les massages se font avec de l'huile d'olive dont le surplus est enlevé grâce à un grattoir.

Il est de bon ton à Athènes d'avoir le teint très clair. Pour cela, il faut éviter de s'exposer au soleil et se mettre sur le visage des crèmes qui accentuent la pâleur naturelle de la peau.

Aller chez le barbier est, pour les hommes, un grand moment de détente où ils peuvent bavarder et échanger les dernières nouvelles de la cité. Seuls les esclaves sont tondus. Les hommes libres, selon les époques, portent les cheveux longs ou mi-longs. La barbe et la moustache sont de rigueur jusqu'à l'époque d'Alexandre où l'on commencera à se raser.
Le barbier fait aussi office de manucure puisqu'il taille les ongles des mains et des pieds.

Les parfums sont très prisés par les femmes. Les plus réputés sont ceux fabriqués dans les cités de Rhodes et de Corinthe. Ils sont exportés dans tout le monde grec.

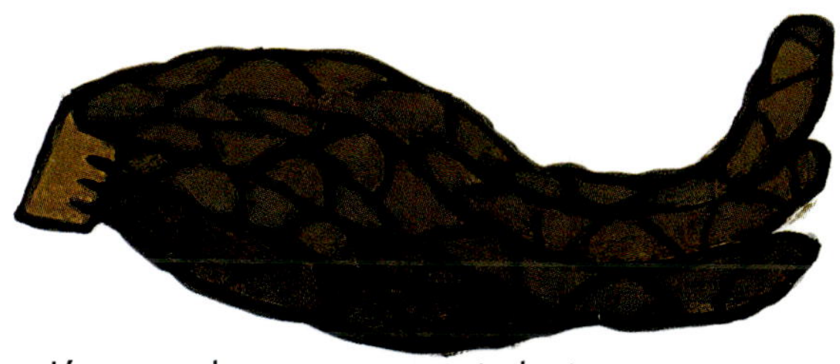

L'usage de perruques et de tresses rapportées est très répandu ainsi que celui des teintures avec une nette prédilection pour la couleur blonde. Les femmes libres ne coupent leurs cheveux qu'en signe de deuil.

Pour avoir une poitrine bien galbée, rien ne vaut un bon soutien-gorge. Les femmes grecques le savent déjà !

Les femmes grecques apportent un grand soin à épiler leur corps. Elles utilisent un rasoir, des pâtes collantes ou même la flamme d'une lampe.

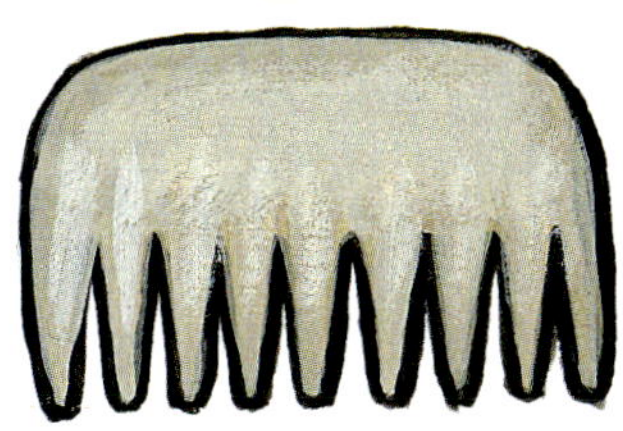

Les peignes sont en ivoire, en écaille ou en bronze. Les jeunes filles se contentent de dégager leur front à l'aide d'un simple bandeau tandis que leurs mères ramènent leur chevelure ondulée sur le haut de la tête en y créant parfois des échafaudages très compliqués.

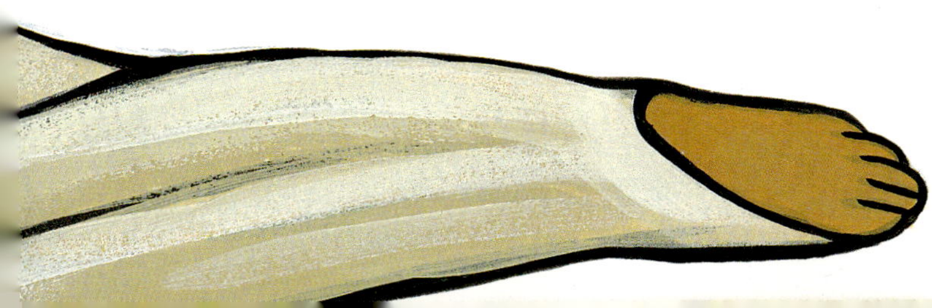

Allonge-toi ! On mange !

Même s'ils se contentent le plus souvent de galettes de farine d'orge arrosées d'une coupe d'eau fraîche, les Grecs ne négligent pas les plaisirs de la table. Régulièrement, ils aiment se réunir pour des banquets où le vin, « le présent de Dionysos », coule à flot.

Pour manger, il faut avoir les pieds propres...

Toutes les occasions sont bonnes pour organiser des banquets. Ceux-ci, dont le nom signifie en grec « réunion de buveurs », ont lieu à la tombée du jour. À leur arrivée dans la maison de leur hôte, les convives se déchaussent et se font laver les pieds par des esclaves. Ils sont ensuite installés dans la salle du banquet où ils s'allongent sur des lits garnis de coussins et de traversins. Devant eux se trouvent de petites tables individuelles où les serviteurs disposeront les plats.
Après avoir fait circuler dans une coupe sans pied une préparation de vin aromatisé, les invités dégustent les différents plats préparés à leur intention. On se régale, par exemple, de purée de fèves accompagnée d'anguilles, de calamars ou de poulpes. Pas de fourchettes, ni de serviettes !

Les convives mangent avec les doigts et se servent de boulettes de mie de pain ou de bouts d'os pour s'essuyer les lèvres.

Après le vin, encore du vin…

Vient ensuite la deuxième partie de la fête, entièrement consacrée à la dégustation du vin. Après une libation et des chants en l'honneur de Dionysos, on tire au sort « le roi du banquet » qui fixera la proportion d'eau à mélanger au vin ainsi que le nombre de coupes que devra boire chaque convive. Celui qui ne se conforme pas à ses décisions se verra infliger un gage. Il devra, par exemple, danser tout nu autour de la table !

… Et des jeux

On comprend aisément que les femmes libres soient interdites de ces festivités. Seules y sont tolérées les danseuses, les chanteuses ou les musiciennes. Les banquets, offerts par les plus riches citoyens, sont parfois l'occasion de véritables spectacles chantés et dansés.

Mais, le plus souvent, les convives se contentent de faire des charades, des énigmes, de jeux de portraits ou tout simplement d'interminables discussions. Les banquets s'achèvent souvent très tard, et les invités ayant largement abusé de la boisson ont quelques difficultés à retrouver le chemin de leur maison !

Une autre version de la bataille navale

Un jeu très prisé lors des banquets consiste à lancer des gouttes de vin dans un vase rempli d'eau où flottent des petites soucoupes de terre cuite. Celui qui est assez habile pour couler de le plus grand nombre de ces petits « bateaux » a gagné !

payer pour aller en enfer !

Dans l'Antiquité, on meurt jeune. À l'omniprésence de la mort, les Grecs répondent par une vision de l'au-delà plutôt optimiste. Ils sont sûrs, à l'image de certaines de leurs divinités, de renaître un jour.

Partir les pieds devant

Pour faire la toilette mortuaire, on étend le défunt les pieds tournés vers une porte pour que son âme puisse s'en aller plus facilement. On le lave avec des essences parfumées avant de le revêtir de vêtements blancs. Le corps, à l'exception de la tête entourée de fleurs, est ensuite placé dans un linceul. Le corps reste deux jours dans sa maison où se pressent sa famille et ses amis venus lui faire leurs adieux. Les femmes présentes se couvrent de cendre, griffent leurs joues ou se coupent les cheveux en signe de deuil.

Des bagages pour la route

Le mort emporte avec lui des objets qu'il aimait, des bijoux et même de la nourriture. Il est fréquent qu'il soit enterré avec un gâteau au miel destiné à amadouer Cerbère, le terrible chien gardant la porte des enfers. De même, on dépose souvent entre les lèvres du cadavre une pièce destinée à Charon le passeur qui doit lui faire traverser, à bord de sa barque, le Styx, fleuve séparant le royaume des vivants de celui des morts. Le fait que la pièce soit mise dans la bouche n'est pas étonnant lorsqu'on sait que les Grecs se servaient fréquemment de leur bouche comme d'un porte-monnaie !

La tombe ou le bûcher

Les funérailles ont toujours lieu la nuit pour que les rayons du soleil ne soient pas souillés en touchant un mort. Le cortège part de la demeure du défunt. Il est fréquent que des pleureuses professionnelles soient payées pour chanter un chant funèbre. Le cimetière est toujours situé à l'extérieur des murs de la cité. Là, le corps est enseveli ou brûlé sur un bûcher. Dans ce dernier cas, les cendres sont recueillies et mises dans une urne. Après un ultime adieu au disparu, les proches reviennent à leur demeure où ils doivent pratiquer des rites de purification car la maison est considérée comme salie par le séjour d'un mort dans ses murs.

Fait marquant

Comme Zeus est le dieu de la Terre, Poséidon le dieu de la Mer, Hadès est le maître absolu des Enfers. Les Grecs pensent que le royaume de la mort a une entrée sur Terre. Ils la situent dans le Sud de l'Italie, à Solfarata, à l'endroit d'un lac laissant échapper des vapeurs sulfureuses.

Tous contre

Vers 430 avant J.-C., Athènes est la plus puissante cité du monde grec. Inquiète de cette supériorité, plusieurs cités se rangent derrière Sparte pour l'écraser. C'est le début de la guerre du Péloponnèse.

Au début, Athènes est une alliée

Au début du ve siècle avant J.-C., les Perses ont attaqué la Grèce. Battus à plate couture en 479 avant J.-C., ils abandonnent la partie. C'est à Athènes que les Grecs doivent principalement leur liberté retrouvée. Après cette guerre, l'ensemble des cités du pourtour de la mer Egée s'associe pour former la Ligue de Délos destinée à renforcer leur défense en cas de nouvelle attaque perse. Chaque cité fournit argent et navires à Athènes qui a pris la direction de cette ligue. Hélas, les choses se gâtent au fil des années car Athènes est accusée d'utiliser à son profit les sommes qui lui sont confiées.

La guerre du Péloponnèse

Bientôt, de nombreuses cités se rangent derrière Sparte dans le but d'écraser la puissance athénienne. Pendant dix ans, les deux cités aidées de leurs alliées vont se livrer une guerre sans merci qui verra s'affronter la puissance maritime d'Athènes et les forces terrestres de Sparte. Après bien des batailles, quelques trêves et de nombreuses trahisons, c'est la défaite pour la cité de Périclès.

Athènes

La défaite d'Athènes

En 404 avant J.-C., alors que la peste sévit à Athènes, la cité est assiégée. Affamée, elle capitule et accepte les conditions de Sparte : la dissolution de son empire, la livraison de la totalité de sa flotte ainsi que la destruction des Long Murs, ces fortifications qui protégeaient la ville et son port. Passée sous la domination de sa rivale, Athènes assiste, impuissante, à l'abolition de son régime démocratique, remplacé par un gouvernement tyrannique, « les Trentes ».

Alexandre

Épuisé par un siècle de guerres, le monde grec va bientôt tomber sous la coupe de nouveaux « envahisseurs » : les Macédoniens. Philippe II, puis son fils, Alexandre entreprennent cette conquête.

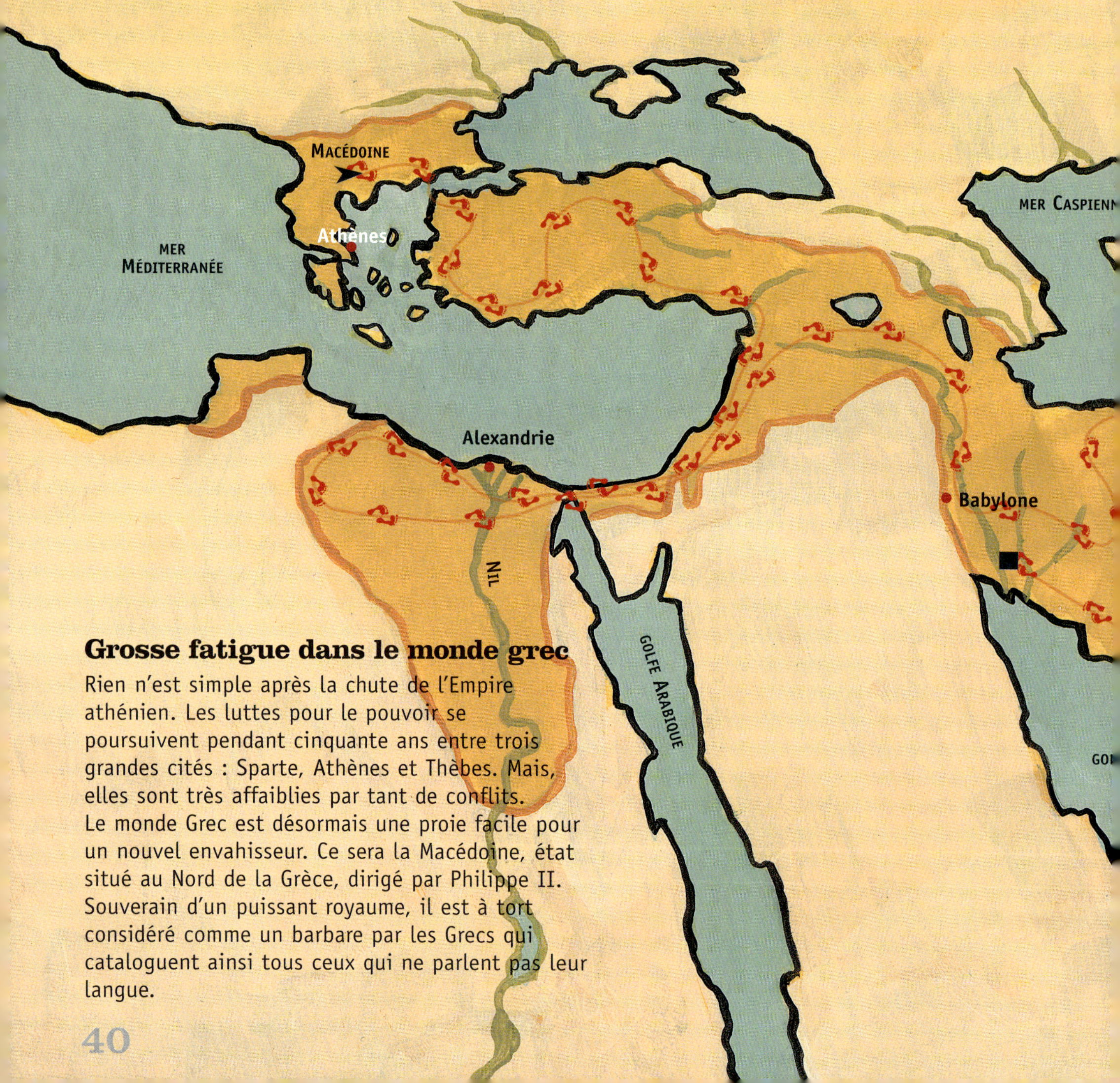

Grosse fatigue dans le monde grec

Rien n'est simple après la chute de l'Empire athénien. Les luttes pour le pouvoir se poursuivent pendant cinquante ans entre trois grandes cités : Sparte, Athènes et Thèbes. Mais, elles sont très affaiblies par tant de conflits. Le monde Grec est désormais une proie facile pour un nouvel envahisseur. Ce sera la Macédoine, état situé au Nord de la Grèce, dirigé par Philippe II. Souverain d'un puissant royaume, il est à tort considéré comme un barbare par les Grecs qui cataloguent ainsi tous ceux qui ne parlent pas leur langue.

porte très loin la renommée de la Grèce

Philippe II de Macédoine

À la tête d'une redoutable armée, Philippe II se lance dans une politique d'expansion dès son arrivée au pouvoir. En vingt ans, il se rend maître de la Grèce. Au moment de son assassinat en 336 avant J.-C., il s'apprêtait à marcher sur la Perse. C'est son fils, Alexandre, qui reprendra le flambeau de la conquête.

L'incroyable épopée d'Alexandre

À la mort de son père, Alexandre a vingt ans. Ce jeune homme, qui fut un élève passionné du grand philosophe grec Aristote, est un fervent admirateur de la culture de son maître. S'il rêve de mener à bien les désirs de conquêtes de son père, c'est bien sûr pour s'emparer des richesses de la Perse mais aussi pour diffuser aussi loin que possible cette culture qu'il aime tant.

Lorsqu'il disparaît treize ans plus tard, il a conquis un immense empire englobant la Grèce, l'Égypte et l'Asie occidentale jusqu'à l'Indus, au pied de l'Himalaya. À la faveur de ces conquêtes, l'esprit grec est largement sorti de ses frontières d'origine pour se diffuser dans le vaste monde.

Découvre pas à pas le périple d'Alexandre.

L'héritage grec

Casse-tête

L'héritage que nous ont laissé les Grecs est immense. Il touche tous les domaines de notre vie, qu'ils soient intellectuels, scientifiques, artistiques ou même sportifs. Chaque jour, nous utilisons des mots qui nous viennent du grec ancien. À toi de les retrouver...

1 Quel mot, souvent employé par les hommes politiques, signifie « gouvernement exercé par le peuple » ?

Indice : En grec, « peuple » se dit « démos ».

2 Qui sont ces « Amis de la sagesse » qui tentaient de mettre les Athéniens sur les chemins du Bien et de la Vérité ?

Indice : Socrate et Platon sont les deux plus grands d'entre eux.

3 Quel lieu, dans lequel on assiste aux exploits des sportifs, porte le nom d'une unité de mesure grecque équivalente à six cents fois la longueur du pied d'Héraclès ?

Indice : Héraclès avait de grands pieds !

4 Ce nom d'un quartier d'Athènes est aujourd'hui celui d'un bâtiment où l'on va sans oublier son cartable. Quel est-il ?

Indice : Aristote y allait tous les jours.

5 Il dessine les plans de votre maison et son nom signifie en grec « celui qui commande le charpentier ». De qui s'agit-il ?

Indice : vous n'avez pas besoin d'indice, la question est archi simple !

6 Quelle salle de spectacle porte un nom qui signifie en grec « le lieu d'où l'on regarde » ?

Indice : À Athènes, les artistes y étaient toujours masqués.

Casse-tête

RÉPONSES

Démocratie

1 Les Grecs furent les premiers à penser que les citoyens d'un état avaient leur mot à dire sur les affaires de leur cité. Même si la démocratie athénienne resta limitée, elle fut le premier exemple de cette forme de gouvernement donnant le pouvoir de décision au peuple.

Philosophes

2 Les Grecs se passionnèrent pour toutes les grandes questions philosophiques. Même s'il n'a laissé aucun écrit, Socrate est considéré comme le « père » de ces « amis de la sagesse ».

Stade

3 Le « stadion » était en effet une unité de mesure grecque. Elle était équivalente à environ 177 mètres. Ce fut elle qui donna son nom à la piste où se déroulaient les épreuves de courses.

Lycée

4 Athènes ne disposait pas d'établissement d'enseignement supérieur. Les philosophes prirent donc l'habitude de tenir leurs réunions dans les gymnases, lieux jusque-là réservés aux exercices physiques et à l'entraînement des sportifs.

Architecte

5 En grec, le mot « arkhi » signifie le chef, celui qui commande, et le mot « tekton », l'ouvrier travaillant le bois, le charpentier. Le monument grec le plus célèbre est sans doute le Parthénon, principal édifice de l'Acropole. Il fut l'œuvre de l'architecte grec Ictinos.

Théâtre

6 Les Grecs adoraient le théâtre. Dès le VIᵉ siècle avant J.-C., chaque cité grecque construisit son propre théâtre. À cette époque, le mot théâtre désignait uniquement les gradins, « le lieu d'où l'on regarde ». Du fait de leur acoustique exceptionnelle, plusieurs théâtres grecs sont encore utilisés aujourd'hui.

La plus belle invention d'Athènes : la démocratie

Au VIe siècle, les Athéniens inventent une nouvelle forme de gouvernement : la démocratie. Le pouvoir cesse d'être entre les mains d'un seul homme pour être partagé par l'ensemble des citoyens.

L'Écclésia, l'assemblée de tous les citoyens

Cette assemblée vote les lois de la cité et les déclarations de guerre. Réunie quatre fois par mois, elle est composée de plusieurs milliers de citoyens qui se rassemblent sur la Pnyx, colline d'Athènes, proche de l'Agora. Comme chaque citoyen peut y donner son point de vue et voter les décisions à main levée, les séances sont souvent interminables ! Pour diriger les participants vers le lieu des débats, des agents les encerclent avec une corde teinte en rouge. Les retardataires marqués par cette corde doivent payer une amende qui sanctionne leur peu d'empressement à prendre part aux séances.

Les stratèges, maîtres de la cité

Même si Athènes n'a pas de roi, elle a malgré tout besoin d'hommes à sa tête. Ce sont les stratèges, élus chaque année par l'assemblée du peuple. Ceux-ci dirigent l'État et commandent les forces armées de la cité. Ainsi, Périclès sera t-il réélu à cette fonction pendant quatorze ans.

Des juges tirés au sort

S'il a peu de chance de se retrouver élu stratège, le citoyen moyen d'Athènes peut toutefois devenir conseiller à la Boulée, assemblée qui prépare les lois, ou se retrouver juge au tribunal de l'Héliée. En effet, ces fonctions sont attribuées chaque année par tirage au sort.

Des jetons, des tessons de poterie et une horloge à eau

Lorsqu'ils ne se font pas à main levée, les votes s'opèrent grâce à des jetons déposés dans une urne. En cas de vote d'ostracisme, bannissement momentané ou définitif d'un citoyen, le nom de l'accusé est inscrit sur un tesson de poterie. Pour que sa peine soit exécutée, il faut que son nom soit inscrit sur un minimum de six mille tessons.

Au tribunal de l'Héliée, c'est une horloge à eau qui règle équitablement le temps de parole de l'accusé et celui de l'accusateur.

Une démocratie parfaite ?

Le système politique athénien a ses limites puisqu'il exclut malgré tout la grande majorité des habitants de la cité. En effet, ni les femmes, ni les métèques ni, bien sûr, les esclaves, n'ont leur mot à dire. Imparfaite, cette jeune démocratie a tout de même le mérite d'ouvrir la voie à une plus grande égalité entre les hommes.

Se tourner les pouces...

Ce n'est pas à cause d'un penchant forcené pour la paresse que les aristocrates athéniens méprisent le travail. C'est plutôt leur culte de la liberté qui explique leur goût pour l'oisiveté.

Le travail, c'est bon... Pour les autres !

Nous pensons aujourd'hui que « tout travail mérite salaire ». Pour les citoyens athéniens, il n'en va pas du tout de même. Recevoir une rétribution équivaut à dépendre d'autrui et signifie la fin de la liberté. De plus, ils veulent rester maître de leur temps pour pouvoir se consacrer entièrement à la vie de politique de la cité. Ainsi, n'ont-ils que mépris pour l'artisanat et le commerce, activités le plus souvent exercées par des esclaves ou des métèques. Par contre, les aristocrates admirent les paysans, si pauvres soient-ils, puisqu'ils subviennent entièrement à leur besoin en cultivant leur propre terre.

Pour un peu d'orge et quelques olives...

Avec son sol pauvre et son climat sec, la Grèce ne rend pas la tâche facile aux paysans qui s'échinent à y faire pousser l'orge, les olives et la vigne. La majorité des exploitations sont de petite taille et parviennent tout juste à faire vivre leur propriétaire et une poignée d'esclaves. Comme les prairies ne sont pas assez grasses pour permettre l'élevage des bœufs et des chevaux, les paysans se contentent de troupeaux de chèvres et de moutons.

Cordonniers, forgerons, céramistes, bijoutiers...

Les artisans sont très nombreux dans les cités grecques. Métèques pour la plupart, ils possèdent des échoppes ouvertes sur la rue et entretiennent une joyeuse activité sur « l'agora », la place du marché.

Marins et pêcheurs

Peuple de marins, les Grecs tirent de nombreux profits de la mer. Sur les marchés, on peut ainsi trouver une grande variété de poissons et de fruits de mer. La navigation tient également une place très importante dans l'économie des cités qui peuvent difficilement commercer entre elles par les voies terrestres. Prudents, les marins naviguent le jour et à la belle saison en essayant de ne pas quitter les côtes des yeux.

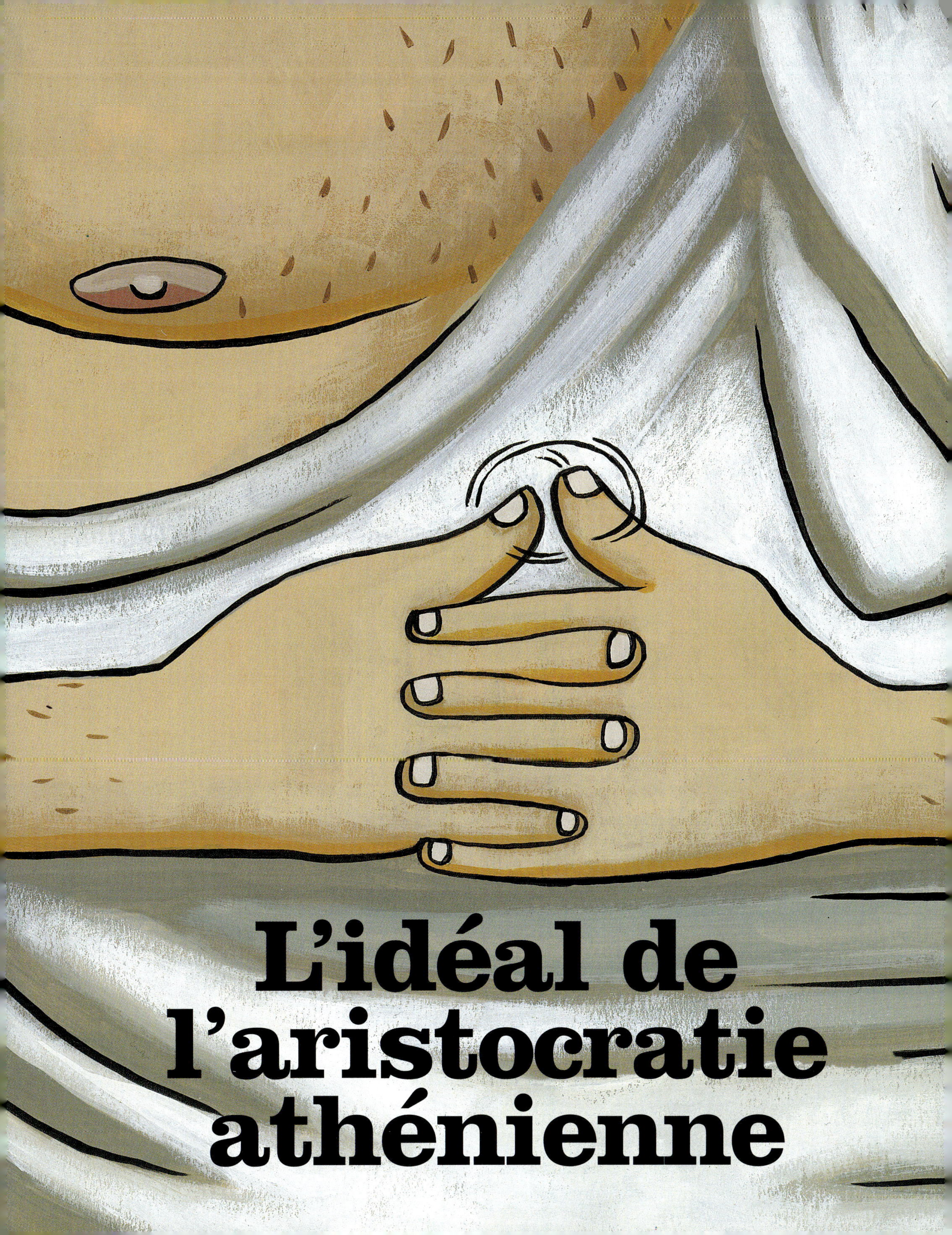

L’idéal de l’aristocratie athénienne